SESAME STREET

Explora los HÁBITATS del DESIERTO con Rosita

Charlotte Reed

ediciones Lerner ◆ Mineápolis

¡Hay muchos hábitats que explorar!

En la serie Hábitats de Sesame Street®, los pequeños lectores recorrerán ocho hábitats. Únete a tus amigos de *Sesame Street* mientras aprenden sobre estos diferentes hábitats en los que los animales viven, duermen y encuentran agua y comida.

Saludos.
Los editores de Sesame Workshop

Contenido

¿QUÉ ES UN HÁBITAT?

¡Exploremos los hábitats! Un hábitat es un lugar donde hay animales que viven, duermen y encuentran agua y comida. Un hábitat del desierto es un tipo de hábitat.

En el desierto pueden encontrarse plantas como el nopal y el árbol de Joshua.

Allí también viven muchos tipos de animales.

OBSERVEMOS LOS HÁBITATS DEL DESIERTO

Muchos desiertos tienen días muy cálidos durante todo el año. Aun así, los animales del desierto encuentran comida, agua y un lugar para dormir.

Hay muchos días soleados en el desierto.

Evitar el sol les ayuda a algunos animales a mantenerse frescos durante el día. Esta víbora de arena se entierra en la arena para mantenerse fresca.

¿Qué haces para no tener calor cuando está soleado afuera?

El desierto es más fresco por la noche cuando baja el sol.

Algunos animales tienen hábitos nocturnos. Eso significa que duermen durante el día cálido y permanecen despiertos durante la noche fresca.

Los zorros del desierto tienen hábitos nocturnos. Duermen durante el día y buscan comida de noche.

Los desiertos son muy secos.
No llueve mucho en el desierto.

Un cactus es un tipo de planta del desierto. Tiene un tallo grueso que almacena agua cuando llueve.

La planta de aloe vera es otro tipo de planta del desierto.

El órice de Arabia puede pasar semanas sin beber agua.

Durante ese tiempo, obtiene el agua de las plantas que come.

Como el desierto es seco, algunos animales no se bañan en agua. La rata canguro se baña en polvo para mantener su piel saludable.

El patito de goma
y yo tomamos
baños de espuma.

Algunos desiertos tienen mucha arena. Los camellos tienen pestañas largas para evitar que la arena les entre en los ojos.

Sus pestañas son
como las mías.

En todo el mundo se pueden encontrar hábitats del desierto. ¡Los desiertos albergan estos animales y muchos más!

¡Hay tanto
por explorar!

¿PUEDES ADIVINAR?

1. ¿Cuál de estas imágenes es de un hábitat del desierto?

A

B

2. ¿Cuál de estos animales vive en un hábitat del desierto?

A

B

Glosario

bañarse en polvo: cuando los animales ruedan en la tierra, el polvo o la arena para limpiarse

hábitat: un lugar en el que los animales viven y pueden encontrar agua, comida y un lugar para dormir

hábitos nocturnos: cuando un animal está despierto de noche y duerme durante el día

tallo: la parte de un cactus que almacena agua

¿Puedes adivinar? Respuestas

1. B
2. A

Otros títulos

Peters, Katie. *Animals in the Hot Desert*. Mineápolis: Lerner Publications, 2020.

Reed, Charlotte. *Explora los hábitats polares con Enrique*. Mineápolis: ediciones Lerner, 2026.

Weglinski, Michaela. *In the Desert*. Washington, DC: National Geographic Kids, 2020.

Créditos por las fotografías

Créditos de las imágenes: Antonio Busiello/Moment/Getty Images, p. 1; Andrea Paganini Photo/iStock/Getty Images, p. 5; Daniela Duncan/Moment/Getty Images, p. 6; Marco Ossino/Shutterstock, p. 6 (círculo); R.M. Nunes/iStock/Getty Images, p. 9; Mark Kostich/iStock/Getty Images, p. 10; David ODell/Shutterstock, p. 12; Steve-K/iStock/Getty Images, p. 14; Wirestock/iStock/Getty Images, p. 15; OlyaSolodenko/iStock/Getty Images, p. 17; DGHayes/iStock/Getty Images, p. 18; Chichimaru/Shutterstock, p. 19; Carlene Thurston/iStock/Getty Images, p. 20; Yerbolat Shadrakhov/iStock/Getty Images, p. 22; Nurdin Nurdin/EyeEm/Getty Images, pp. 24, 25; Anywhere We Roam/iStock/Getty Images, p. 26 (avestruz); MikeLane45/iStock/Getty Images, p. 26 (correcaminos); fotoclick/E+/Getty Images, p. 26 (camaleón); Francesco Riccardo Iacomino/Moment/Getty Images, p. 28 (selva tropical); sprokop/iStock/Getty Images, p. 28 (desierto); tzooka/iStock/Getty Images, p. 29 (zorro del desierto); Andre Pinto/ /Getty Images, p. 29 (caimán).

Portada: janetteasche/RooM/Getty Images; Ondrej Prosicky/iStock/Getty Images (órice).
Contratapa: Chichimaru/Shutterstock (aloe vera); ali suliman/iStock/Getty Images (camello).

Índice

Dedicado a Stephanie, mi afectuosa hermana, quien fuera mi compañera de aventuras en el desierto

ediciones Lerner
Una división de Lerner Publishing Group, Inc.
241 First Avenue North
Mineápolis, MN 55401, EE. UU.

Si desea averiguar acerca de niveles de lectura y para obtener más información, favor consultar este título en www.lernerbooks.com.

Fuente del texto del cuerpo principal: Mikado 24/41. Fuente proporcionada por HVD.

Library of Congress Cataloging-in-Publication Data

Names: Reed, Charlotte, 1997–author
Title: Explora los hábitats del desierto con Rosita / Charlotte Reed.
Other titles: Explore desert habitats with Rosita. Spanish
Description: Minneapolis, MN : Ediciones Lerner, [2026] | Series: Hábitats de Sesame Street | Original title: Explore desert habitats with Rosita. | Includes bibliographical references and index. | Audience: Ages 4–8 | Audience: Grades K–1 | Summary: “Deserts may look empty and dry, but they are really full of life! Join Rosita and her Sesame Street friends as they explore a desert habitat. Now in Spanish!”—Provided by publisher.
Identifiers: LCCN 2025011235 (print) | LCCN 2025011236 (ebook) | ISBN 9798765690215 lib. bdg. | ISBN 9798348028237 pbk | ISBN 9798765692202 epub
Subjects: LCSH: Desert animals—Habitations—Juvenile literature | Desert ecology—Juvenile literature
Classification: LCC QL116 .R4418 2026 (print) | LCC QL116 (ebook) | DDC 591.754—dc23/eng/20250626

Fabricado en los Estados Unidos de América
1-1012585-54892-4/29/2025